BEI GRIN MACHT SICH IHR WISSEN BEZAHLT

- Wir veröffentlichen Ihre Hausarbeit, Bachelor- und Masterarbeit

- Ihr eigenes eBook und Buch - weltweit in allen wichtigen Shops

- Verdienen Sie an jedem Verkauf

Jetzt bei www.GRIN.com hochladen und kostenlos publizieren

Bibliografische Information der Deutschen Nationalbibliothek:

Die Deutsche Bibliothek verzeichnet diese Publikation in der Deutschen National-bibliografie; detaillierte bibliografische Daten sind im Internet über http://dnb.d-nb.de/ abrufbar.

Dieses Werk sowie alle darin enthaltenen einzelnen Beiträge und Abbildungen sind urheberrechtlich geschützt. Jede Verwertung, die nicht ausdrücklich vom Urheberrechtsschutz zugelassen ist, bedarf der vorherigen Zustimmung des Verlages. Das gilt insbesondere für Vervielfältigungen, Bearbeitungen, Übersetzungen, Mikroverfilmungen, Auswertungen durch Datenbanken und für die Einspeicherung und Verarbeitung in elektronische Systeme. Alle Rechte, auch die des auszugsweisen Nachdrucks, der fotomechanischen Wiedergabe (einschließlich Mikrokopie) sowie der Auswertung durch Datenbanken oder ähnliche Einrichtungen, vorbehalten.

Impressum:

Copyright © 2017 GRIN Verlag
Druck und Bindung: Books on Demand GmbH, Norderstedt Germany
ISBN: 9783668694231

Dieses Buch bei GRIN:

https://www.grin.com/document/423854

Anonym

Die Literaturgattung Dystopie am Beispiel der "Tribute von Panem" von Suzanne Collins

GRIN Verlag

GRIN - Your knowledge has value

Der GRIN Verlag publiziert seit 1998 wissenschaftliche Arbeiten von Studenten, Hochschullehrern und anderen Akademikern als eBook und gedrucktes Buch. Die Verlagswebsite www.grin.com ist die ideale Plattform zur Veröffentlichung von Hausarbeiten, Abschlussarbeiten, wissenschaftlichen Aufsätzen, Dissertationen und Fachbüchern.

Besuchen Sie uns im Internet:

http://www.grin.com/

http://www.facebook.com/grincom

http://www.twitter.com/grin_com

Inhaltsverzeichnis

1. Einleitung

Da die bisherigen Studien zur Definition der Dystopie meist sehr umfassend und zum Teil äußerst komplex sind, ist es das Ziel dieser Facharbeit, einen Überblick über die Literaturgattung zu geben sowie die neuzeitliche Nachfrage nach Dystopien sachlich zu begründen. Dabei werde ich mich der generellen Auffassung des Begriffes Dystopie widmen und das Genre definieren, um anschließend dessen Geschichte, Funktion und charakteristische Merkmale aufzuführen. Außerdem grenze ich häufig auftretende, fehlerhafte Genrezuweisungen von der dystopischen Literatur ab und stelle die Dystopie der literarisch verwandten Utopie gegenüber.

Im zweiten Teil der Arbeit widme ich mich der Rolle der Medien und der Darstellung der Hungerspiele in der dystopischen Trilogie „Die Tribute von Panem" sowie dem Erfolg des heutigen Reality-TVs in Bezug auf die Romane von Collins. Hier erfolgt eine Auseinandersetzung mit dem in den Werken anzufindenden Medienaspekt, wobei die in den Büchern geschilderte Reality-Show mit den realen Tendenzen aktueller Fernsehsendungen konfrontiert und verglichen wird.

2. Die Literaturgattung Dystopie

2.1 Definition

Die Dystopie wird gemeinhin als negative, fiktive und meistens literarische Zukunftsvision definiert. Der Begriff setzt sich aus der altgriechischen Vorsilbe *dys-* (übel, schlecht) und dem Nomen *tópos* (Ort) zusammen. Folglich entwirft das Literaturgenre das Bild eines *schlechten Ortes*. Gelegentlich werden überdies die Synonyme Mätopie, Kakotopie, Anti-Utopie oder negative Utopie verwendet, wobei diesen Bezeichnungen vereinzelt auch andere Attribute zugeschrieben werden, „die jeweils unterschiedliche Aspekte der Gattung hervorheben und zu unterschiedlichen Definitionen führen" (Wiemers, 2012, S. 8). So werden Dystopie und Anti-Utopie zeitweilig insofern differenziert, als dass die anti-utopische Literatur den utopischen Grundgedanken anfechtet, während Erstere lediglich ein düsteres futuristisches Gesellschaftsbild entwirft. Teilweise werden der dystopischen Literatur auch Utopie-parodistische Elemente zugeschrieben, bedingt durch die unmöglich scheinende Realisierbarkeit einer vollständig utopischen Gesellschaft. So wird das Genre oftmals als provokant und wagemutig empfunden, was der Literaturkritiker Tom Moylan bestätigt: „[dystopias] explore and go to where others will not, might not, dare not go" (Moylan, 2000, S. 4).

Weiterhin lässt sich das dystopische Genre in zwei Kategorien gliedern: Auf der einen Seite wird mit dem Terminus „utopian dystopia" (ebd., 2000, S. xiii) auf eine Dystopie angespielt, welche bestenfalls in einer Neuorientierung des fiktiven Regimes resultiert, oder in der zumindest Widerstand gegen das repressive System geleistet wird. Zu dieser Kategorie zählt beispielsweise die „Die Tribute von Panem"-Trilogie (Collins, 2009-2011). Auf der anderen Seite registrieren und reflektieren die Unterdrückten in der „anti-utopian dystopia" (Moylan, 2000, S. xiii) die Ungerechtigkeiten, auch wenn die vorherrschende Macht ohne Unterlass dagegenwirkt und der misstrauische Protagonist folglich in seinen rebellischen Unternehmungen scheitert. Unter diese Rubrik fällt George Orwells klassische Dystopie „1984" (Orwell, 1949), welche mit der Gehirnwäsche des Hauptakteurs und somit der Umkehrung dessen Skepsis sowie der Infragestellung des vorherrschenden Systems endet.

2.2 Charakteristische Merkmale

Es erweist sich als problematisch, anhand der inhaltlichen Gattungsbestimmung auf typisch dystopische Charakteristiken zu schließen. Da zahlreiche „inhaltliche Überschneidungen" (Schweikart, 2012, S. 7) mit anderen Literaturgattungen wie Fantasy oder Science-Fiction vorliegen, werden Dystopien häufig diesen Gattungen zugeschrieben. Dennoch lassen sich Anhaltspunkte aufzeigen, die auf das untersuchte Genre verweisen. Zu den klassischen Dystopien, welche nachfolgend aufgezeigte Elemente aufweisen und das Genre repräsentieren und geformt haben, zählen u. a. die Werke „1984" von George Orwell (1949), „Fahrenheit 451" von Ray Bradbury (1953) oder Aldous Huxley's „Schöne neue Welt" (1932).

Das zentrale Merkmal dystopischer Universen ist die absolutistische Regierungsform. Meist liegt diese in Form eines futuristischen, kapitalistischen Feudalsystems, mitsamt einem Diktator als Staatsoberhaupt vor. Jener wird von den Bürgern fanatisch verehrt, es herrscht ein regelrechter Personenkult. Fernerhin konvergieren Dystopien gemeinhin in dem Punkt ihrer Vergangenheit: In den meisten Handlungen wurde die kontemporäre Welt von Kriegen, Krankheiten oder Naturkatastrophen zerstört. Hinzu kommt häufig eine düstere Vorgeschichte, welche von Revolutionen oder Aufständen berichtet, in denen jegliches kulturelles Erbe vernichtet und humane Werte beschnitten wurden. Seitdem ist von der parallel existierenden Gesellschaft wenig bekannt, weshalb sich die Menschen vor dieser fürchten, und „die Bewohner der Zonen außerhalb [...] als Barbaren, Wilde oder Primitive [wahrnehmen]" (Mikota, 2015, S. 61).   Ein weiteres Kennzeichen des Genres ist die Ungleichheit in der Sozialstruktur der „scheinutopisch[en]" (Teoman, 2012, S. 8) Gesellschaft. In der Regel ist diese partiell hochmodernisiert und der Lebensstil der Wohlhabenden von außerordentlichen technischen Innovationen geprägt. Die Unterschicht der Zweiklassen- oder Kastengesellschaft lebt hingegen in ärmlichen Verhältnissen. Ihr mangelt es an lebensnotwenigen Gütern, Bildung und medizinischer Versorgung. Zudem ist ihr jegliche Freiheit genommen. Sie wird vom Militär des totalitären Überwachungsstaates unterdrückt, führt ein „fremdbestimmtes Leben" (Mikota, 2015, S. 59) und leidet unter zahlreichen weiteren Restriktionen. Dazu zählt unter anderem die Pflicht, in der Industrie zu arbeiten, um der elitären Oberschicht ein luxuriöses Leben zu sichern. Auf die Spitze getrieben wird die Version vom unmündigen Arbeitsvolk in dem Roman „Schöne neue Welt" von Aldous Huxley (1932), in welchem eigens für bestimmte Aufgaben gezüchtete Menschen für das Gemeinwohl, aber primär für die Elite, in Handwerk und Industrie arbeiten.

Um von vornherein Kritik oder Gegenwehr auszuschließen, werden diese Individuen sowohl konditioniert als auch in ihren intellektuellen Fähigkeiten beschränkt. Sowohl die Oberschicht als auch die Arbeiter werden in dieser Dystopie nicht durch „Brot und Spiele" (siehe Kap. 4) ruhiggestellt, sondern mithilfe einer euphorisierenden Droge („Soma"), die jegliches Interesse an einer kritischen Auseinandersetzung mit dem System auslöscht.

Desweiteren bestimmt strenge Systemkonformität und Zensur das tägliche Leben einer dystopischen Gesellschaft, in welcher „nur das Kollektiv [...] entscheidend [ist]" (Teoman, 2012,

S. 13). Jegliche Individualität wird als unbedeutend, schändlich oder als eine Auflehnung gegen das Regime verstanden. Dies soll auf Dauer Frieden und Sicherheit gewähren (vgl. Mikota, 2013). Hinzu kommt manipulative staatliche Propaganda, welche der Loyalitätssicherung und Zweifelsbeseitigung der Bürger dient. Dennoch wagen es skeptische, meist als Außenseiterfigur angelegte Protagonisten, die bestehenden Strukturen sowie die Stellvertreter des Systems zu hinterfragen. Zunächst verspüren diese oft den Zwang, „sich der Gesellschaftsstruktur unterzuordnen und ihr Leben von den Herrschenden bestimmen zu lassen", da ein Verstoß gegen die Gesellschaftsordnung „das Ausgestoßenwerden aus der Gesellschaft" sowie „den Verzicht auf ein friedliches und angenehmes Leben" (Mikota, 2015, S. 62) bewirken würde. Katniss, die Protagonistin der „Panem"-Dystopie berichtet dementsprechend, dass sie lernte, ihre „Zunge zu hüten und eine gleichgültige Maske aufzusetzen, damit niemand [...] [ihre] wahren Gedanken lesen [kann]" (Collins, 2008, S. 11).

2.3 Differenzierung Dystopie/Utopie

Die Differenzierung der gesellschaftskritischen Literaturgattungen Dystopie und Utopie ist äußerst kompliziert. Bis heute hat sich die Wissenschaft noch nicht auf eine einheitliche Definition beider Termini geeinigt, weshalb sich diese in einer permanenten, unauflöslichen Spannungskonstellation befinden. Anders als oft angenommen, stehen die Textarten nicht in einem „explizite[m] Gegensatzverhältnis", sondern basieren aufeinander (Kessler, 2000, S. 195).

Im allgemeinen Sprachgebrauch wird die in Thomas Morus' (1516) gleichnamigen „staatstheoretische[m] Werk" (Rach, 2016) erstmals erörterte Utopie entgegen ihrer literaturwissenschaftlichen Definition durchweg als Fachterminus für ein positives, idealisiertes Staatsgebilde der Zukunft verwendet. Allerdings bezieht sich die Bezeichnung, wie ihr Name bereits impliziert (altgriechische Urbegriffe *ou-* für nicht und *tópos* für Ort), lediglich auf ein fiktives, häufig futuristisches Gesellschaftskonzept, einen *Nicht-Ort*. Ein positiver „Entwurf einer egalitären Gesellschaft" (ebd., 2016) wird wiederum fachspezifisch als *Gut-Ort* (*eu-* für gut und *tópos* für Ort), beziehungsweise als Eutopie bezeichnet, während dessen Gegenteil, eine negative Gesellschaftsordnung, Dystopie genannt wird. Dementsprechend dient die Utopie in wissenschaftlichen Beiträgen einzig und allein als Hyperonym für eutopische und dystopische Literatur.

2.4 Fehlerhafte Genrezuordnungen

Des Öfteren werden literarische Werke dem dystopischen Genre zugeordnet, wobei sie die dafür erforderlichen Kriterien keinesfalls, oder nur in geringem Maße erfüllen (siehe Kap. 2.2). Meist liegt eine maßgebliche Verwechslung mit der Literaturgattung der Postapokalypse vor, zumal zahlreiche postapokalyptische Publikationen dystopische Elemente, und Dystopien häufig eine für Postapokalypsen typische Vorgeschichte aufweisen, welche die Vernichtung einer Zivilisation thematisiert. Genauer betrachtet lassen sich jedoch einige fundamentale Unterschiede herausstellen. Der relevanteste Antagonismus zwischen den thematisch verwandten Genres ist zunächst die Gesellschaftsordnung. In klassischen Dystopien verfügt der repressive Staat über das Individuum. Freiheitsbeschränkung, Überwachung, Konformität und Diktatur sind Leitbilder des dystopischen Konstrukts. Im Mittelpunkt postapokalyptischer Werke steht dementgegen die Destruktion der Erde, es herrschen anarchische und archaische Verhältnisse und jegliche gesetzesschaffende, staatliche Systeme existieren nicht mehr: Angesichts dessen geht „die wahre Gefahr für die […] [Protagonisten/Bevölkerung] […] von den anderen Überlebenden aus" (Klingenmaier, 2016). Somit ist jedes verbliebene Individuum für sich selbst verantwortlich und autonom in seinem Aktionsradius.

Auch im Punkt des Handlungskerns grenzen sich die Gattungen voneinander ab. Während sich Postapokalypsen hauptsächlich mit dem menschlichen Überlebensdrang in einer „barbarisch gewordenen Welt" (ebd., 2016) und der Vision eines Neuanfangs befassen, legt die Dystopie ihr Augenmerk auf autoritäre Staatsgebilde, radikale Machtergreifung und die dafür charakteristische Unterdrückung von Einzelpersonen. Nichtsdestotrotz können Dystopien postapokalyptische Wurzeln haben. So ist es zweifellos denkbar, dass die postapokalyptische Gesellschaft unter den herrschenden Extremzuständen eine dystopische Sozialstruktur hervorbringt, sobald aufkommende utopische Visionen anlässlich des Sehnens nach Struktur und Ordnung „mithilfe totalitärer Zwänge in die Praxis umgesetzt werden" (Rach, 2016).

Darüber hinaus werden die Gesellschaftsvisionen der gesonderten Subgattungen des futuristischen Genres *Science-Fiction* (dt. „Wissenschaftsfiktion") als schlichte Dystopien missverstanden. Als aussagekräftiges Beispiel dafür gilt der Film „Blade Runner" (1982). Zwar verfügt der in den 80er Jahren entstandene Kult-Film über Grundzüge einer „aus dem Gleichgewicht geratene[n], [dystopischen] Gesellschaft" (Unterholzner, 2013), fungiert jedoch genau genommen als Musterbeispiel für den Sci-Fi Zweig *Cyberpunk*. Die Werke dieses Genres konzentrieren sich auf hochentwickelte, innovative Technologien und deren Konsequenzen auf die fiktive „Informationsgesellschaft" (Janzen, 2012). Für gewöhnlich werden Aspekte wie künstliche Intelligenz, starke soziale Missstände bedingt durch den technischen Fortschritt oder das Integrieren von zur Überwachung dienenden Implantaten in den menschlichen Organismus, sogenannter Cyberware, thematisiert. Dasselbe gilt für die Subgattung Biopunk, in welcher das Augenmerk auf eskalierte Genmanipulation und Klonen gelegt ist. Ein populäres Exempel dafür ist die mehrteilige Computerspielverfilmung „Resident Evil" (2002-2017).

Dem ist hinzuzufügen, dass nahezu alle dystopischen Science Fiction-Werke der *Soft Science Fiction* entsprechen, in welche sich das Sci-Fi-Genre nuancieren lässt. Im Gegensatz zu der logisch aufgebauten *Hard Science-Fiction*, die sich an naturwissenschaftlichen Fakten orientiert und sich hauptsächlich der technischen Entwicklung und weniger fiktiven Charakteren oder der Gesellschaft widmet, entwirft diese ein Konstrukt, das sich mit den für Dystopien typischen, geisteswissenschaftlichen sowie gesellschaftlichen Themen auseinander setzt.

2.5 Funktion

In erster Linie verfügen dystopische Lektüren in ihrer Rolle als „mahnende Literatur" (Mikota, 2015, S. 49) über die Funktion, die Auswirkungen eines „unseen and unexamined social system on the everyday lives of everyday people" (Moylan, 2000, S. 13) zu veranschaulichen. Dabei muss das Fiktive von zunächst wahrscheinlichen Zukunftsannahmen, dem vom US-amerikanischen Literaturwissenschaftler Irving Howe ausformulierten „sense of the probable" (Howe, 1962, o. S.) abweichen, darf dabei jedoch nicht seine Plausibilität verlieren. Insofern kritisieren Dystopien „das realweltliche [...] Gesellschaftssystem [...] und [stellen] seine Mängel und Probleme in der fiktiven Gesellschaft satirisch überhöht dar [...]" (Wiemers, 2012, S. 6). Sie weisen die aktuelle Generation nachdrücklich darauf hin, sich auf ein negatives Extrem hin zu entwickeln, das unter allen Umständen abgewendet werden muss. Somit werden negative Gesellschaftstendenzen aufgezeigt und vor möglichen Konsequenzen dieser (Un-)Kultur gewarnt. Ein opportunes Beispiel dafür ist die „Ugly"-Trilogie des US-Amerikaners Scott Westerfeld (2007 2008), welche den Schönheitswahn und das exzessive Streben nach Popularität des 21. Jahrhunderts anprangert: In einer futuristischen Stadt wird jeder Bürger an seinem 16. Geburtstag einer plastischen Schönheitsoperation unterzogen, in welcher er zu einem gesellschaftlich angesehenen „Pretty" (dt. „Hübschen") umoperiert wird. In dem Fortsetzungsroman „Extras" (2010) erhalten die Einwohner jene Anerkennung, indem sie auf einer weltweiten Popularitätsskala einen besonders hohen Rang innehaben. Ebenso hochaktuell ist der dargestellte Sachverhalt in der medienkritischen Dystopie „Die Tribute von Panem" (2009-2011). Diese setzt ihren Fokus auf eine menschenverachtende Realityshow im futuristischen Amerika.

Fernerhin aspiriert das dystopische Genre, wie auch andere gesellschaftskritische Literatur, die Gesellschaft mittels seiner deutlichen Botschaft nachhaltig zu beeinflussen und möglicherweise einen Wandel in den Moral- oder Wertvorstellungen der Menschen herbeizuführen. „Dystopien sind Texte", erklärt Rainer Kessler, „die aufgrund ihrer Literarizität und motivationalen Struktur ein beachtenswertes pädagogisches Potential entfalten können" (Kessler, 2000, S. 195). Der Journalist Bernhard Rank spinnt diesen Gedankengang weiter: „Durch ihr Anderssein" streben sie an, „Möglichkeit[en] zur Reflexion und Problematisierung gegebener Normen [zu] bieten und zum Widerspruch heraus[zu]fordern" (Rank, 2014, S. 5). Auf diese Weise vermögen die Werke, die Gesinnung des Lesers bezüglich besorgniserregender, aktueller Ereignisse und Entwicklungen zu prägen sowie „emotional, perspektivisch und argumentativ zu festigen" (Kessler, 2000, S. 198). Indessen verarbeiten die Autoren dystopischer Literatur oftmals ihre „Sehnsucht nach einer besseren Welt" (Bär, 2009, S. 1) und drücken in Form der „Charaktergestaltung der Hauptfiguren" (Teoman, 2012, S. 15) ihre persönlichen Zukunftsängste bezüglich kontemporärer globalpolitischer Vorgänge aus, liefern allerdings auch Lösungsansätze um diese Entwicklungen abzuwenden. In vielen Fällen wird daher an den Rezipienten appelliert, den kritischen Protagonisten als Vorbild anzusehen und existente Sachlagen zu hinterfragen, um das tatsächliche Eintreten der „abschreckende[n] Szenari[en]" (institut.soziologie.uni-freiburg.de, 2013/4) zu verhindern.

2.6 Geschichte und Ausblick

Zum ersten Mal wurde der Begriff Dystopie im Jahr 1868 vom Philosophen John Stuart Mill verwendet, der mit diesem die damalige britische Regierung kritisierte. Auch die ersten Werke des literarischen Genres gingen aus der Zeit der sich ausweitenden Industrialisierung Ende des 19. sowie des 20. Jahrhunderts hervor. Die neuartigen technischen, sozialen und politischen Entwicklungen dieses Zeitalters und die dadurch bedingte „radikale Veränderung der Lebensverhältnisse" (Fleischmann, 2008) veranlasste die westliche Welt erstmalig, sich mit dystopischen Szenarien zu beschäftigen. Insbesondere der Niedergang des „Fortschrittsoptimismus" (Meyer, 2001, S. 281), die zerstörerischen Weltkriege und die daraus resultierende „Unzufriedenheit mit dem Status Quo" (Kessler, 2000, S. 19) trugen zu der rasanten Entstehung der negativen Zukunftsvisionen bei. Aufgrund neuartiger, mächtiger Großkonzerne sowie des aufkommenden Propagandaapparates der Presse war die „Masse der Menschheit [nun] kollektiv erreich-, aber auch steuerbar" (Kotowski, 2010), weshalb Autoren und Schriftsteller zunehmend kritische Gesellschaftskonstrukte entwarfen, welche „die möglichen Auswüchse" (Teoman, 2012, S. 8) dieser neuartigen Umstände thematisierten. Gemeinhin gilt somit der Roman „Wir" (Samjatin, 1920) als erste Dystopie, doch auch ältere Publikationen

7

von Jules Verne (z. B.: „Paris im 20 Jahrhundert", 1863) oder H. G. Wells (z. B.: „A modern Utopia", 1905) weisen dystopische Grundzüge auf. Nichtsdestoweniger breitete sich das Genre vorwiegend in der Nachkriegszeit weiter aus, weswegen der Literaturklassiker „Fahrenheit 451" (Bradbury, 1953) ebenso wie andere Werke dieser Zeit mit den Verbrechen des Nationalsozialismus abrechnen.

Da die „omnipräsente Angst vor möglichen Entwicklungen [mit der Zeit nicht abgeschwächt ist]" (institut.soziologie.uni-freiburg.de, 2013/4), befindet sich das Genre weiterhin auf einem Erfolgskurs. Gleichwohl hat die Dystopie sich mit der Zeit weiterentwickelt und neue Strömungen hervorgebracht. Angesichts ihrer Spiegelfunktion zeitgenössischer Missstände rücken in jedem Jahrzehnt andere Themengebiete in den Fokus der Autoren. Nachdem in den 1980er und 1990er Jahren die neuartige Gentechnik den Handlungskern vieler dystopischer Werke bildete, erscheinen seit der Jahrhundertwende angesichts der „zunehmende[n] Automatisierung und Digitalisierung" (Unterholzner, 2013, S. 5) großenteils technik- und medienkritische Romane. Außerdem greifen Dystopien zunehmend feministische Ansätze auf: in gegenwartsnaher Literatur kämpfen überwiegend junge, weibliche Heldinnen für Gerechtigkeit. Infolgedessen hat sich die dystopische Literatur weitgehend „zum Teenagergenre [für junge Mädchen] entwickelt" (Volk, 2014) und ist somit der Adoleszenzliteratur zuzuschreiben. In erfolgreichen Mehrteilern kämpfen die heranwachsenden Protagonistinnen nicht nur gegen ein absolutistisches Regime, sondern sammeln erste Erfahrungen in der Liebe, erfahren Selbstzweifel und Selbstfindung. Durch ihre Außenseiterrolle vermitteln sie dem jungen Zielpublikum, dass Andersartigkeit durchaus positiv ist und bieten gleichzeitig eine „pointierte Darstellung dessen, wie Jugendliche sich selbst [...] [in] unsere[r] Gesellschaft wahrnehmen" (Steller, 2012).

Fernerhin ist das dystopische Genre heutzutage weit medienübergreifender aufgestellt. Seitdem es dank des technischen Fortschritts möglich ist, futuristische Welten wirklichkeitsgetreu auf der Leinwand darzustellen, sind Dystopien nicht mehr ausschließlich in der Literatur anzutreffen, sondern auch häufig in internationalen Filmproduktionen vertreten. Zu den erfolgreichsten Werken der letzten Jahre zählen die US-amerikanischen Verfilmungen „V wie Vendetta" (2006) sowie „Die Tribute von Panem" (2012-2015), in welchen gefragte Hollywoodschauspieler die revoltierenden Helden verkörpern.

Auch in Videospielen werden dystopische Gesellschaftskonzepte verstärkt aufgegriffen: In „Warhammer-40.000" (1987) leidet die Menschheit unter einem totalitären System, nach dessen Order sie das Universum gegen lebensbedrohliche Spezies des Fantasy-Genres verteidigen muss.

Ein Ende der Nachfrage nach Dystopien scheint folglich nicht in Sicht. „[Die] Furcht der westlichen Gesellschaft vor Überwachungsstaat, Repression und dem Auseinanderdriften der sozialen Klassen" (Krings, 2014) besteht weiterhin und liefert stetig neuen Diskussionsstoff. Auch das zunehmende Umweltbewusstsein sowie Entwicklungen in der Politik wirken sich positiv auf den Erfolg des Genres aus. Seit der Wahl des umstrittenen amerikanischen Präsidenten Donald Trump steht etwa der Dystopieklassiker „1984" (Orwell, 1949) aufgrund seiner Parallelen zur aktuellen politischen Situation wieder „auf Platz eins der englischsprachigen Amazon-Bestsellerliste" (Heidemann, 2017, o. S.). Angesichts dessen wird das dystopische Genre wohl auch zukünftig sowohl in der Literatur, als auch in andersartigen Medienformaten fortbestehen.

3. Dystopische Elemente im Reality TV anhand der Beispieltrilogie „Die Tribute von Panem"

Das Fernsehformat Reality-TV boomt. Wöchentlich messen sich in mehr als zwanzig Sendungen dutzende Teilnehmer zur Unterhaltung der Zuschauer. Insbesondere sadistisch und/oder voyeuristisch angelegte Formate wie das „Dschungelcamp" oder die nach dem Diktator der Dystopie „1984" (Orwell, 1948) benannte Show „Big Brother" haben es nicht nur den Deutschen angetan. Doch warum werden Reality-Sendungen immer erfolgreicher? Der Medienpsychologe Dr. Michael Gestmann führt dieses Phänomen auf die durch Showformate ausgelöste Befriedigung „menschliche[r] Bedürfnisse" (Gestmann, 2015) zurück. Der Zuschauer fühlt sich den „beobachteten Person[en] überlegen" (Krach, 2017), wodurch wiederum zufriedenstellende Machtgefühle in der Psyche hervorgerufen werden. Darüber hinaus werden viele Realitysendungen als ein freudig erwartetes, soziales Ereignis angesehen: Wer nicht über die aktuellen Ausstrahlungen informiert ist, gilt als unkundig und wird von Konversationen ausgeschlossen. Desweiteren bieten die Sendungen insbesondere jungen Zuschauen Identifikationsmöglichkeiten und erfüllen ihr Verlangen nach Dramatik (vgl. planetschule.de/dokmal, o.J.), während andere Zielgruppen wiederum von dem starken Wettkampfcharakter der Shows sowie dem Versagen der Kandidaten fasziniert sind: „Die Zuschauer lieben die Aura des Scheiterns" (Krach, 2017).

Allerdings wird der Erfolg dieses Genres von vielen Seiten kritisch hinterfragt. Den Formaten wird vorgeworfen, die Realität zu verfälschen sowie das Individuum durch den praktizierten Voyeurismus Missständen gegenüber zu desensibilisieren und somit dystopische Gesellschaftstendenzen zu unterstützen. So äußert sich die US-amerikanische Autorin Suzanne Collins, die in der Mediendystopie „Die Tribute von Panem" (2009-2011) u. a. ein futuristisches Reality-Format thematisiert, kritisch: „I worry that we're all getting a little desensitized to the images on our televisions. If you're watching a sitcom, that's fine. But if there's a real-life tragedy unfolding, you should not be thinking of yourself as an audience member. Because those are real people on the screen, and they're not going away when the commercials start to roll" (Collins, 2008). Ihre Trilogie vereint auf satirische Weise Elemente aus populären Realityshows mit den antiken Gladiatorenkämpfen. Nach dem altrömischen Motto „Brot und Spiele" soll die wohlhabende Oberschicht „auf Kosten von unterdrückten Opfern" (Steller, 2012, S. 8) unterhalten und von den wahren gesellschaftlichen Missständen abgelenkt werden.

Der Ursprung von Collins' „Hungerspielen" lässt sich auf einen gescheiterten Aufstand der zwölf Distrikte des dystopischen Staates Panem gegen das herrschende Kapitol zurückführen.

Als Strafe werden daher alljährlich sogenannte Hungerspiele veranstaltet, für welche jeder Distrikt einen Jungen und ein Mädchen zwischen zwölf und achtzehn Jahren per Losverfahren als „Tribut" stellen muss. Diese werden in eine variierende Freilichtarena gesperrt, in welcher sie sich über einen längeren Zeitraum bis auf den Tod bekämpfen müssen. Dabei wird das Geschehen nach Belieben von den sich in einem Kontrollzentrum befindenden „Spielemachern" in allen Einzelheiten beobachtet und gesteuert. Sie sind sowohl für das Entfernen der Leichname, als auch für die allnächtliche Projizierung von Portraits der gefallenen Tribute an der Kuppel der Arena verantwortlich. Außerdem haben sie die Möglichkeit, direkt in das Geschehen einzugreifen, indem sie beispielsweise das Klima verändern oder auch jegliche, vor allem unbeliebte Kandidaten zum Unterhaltungszweck des Publikums töten. Der am längsten überlebende Tribut wird als Sieger gekürt und kann sein weiteres Leben wirtschaftlich und sozial privilegiert fortsetzen. Unterdessen wird die „menschenverachtende Inszenierung" (Steller, 2012, S. 6) landesweit live im Fernsehen übertragen und moderiert, wobei den unterdrückten Distrikten das Sehen der Sendung zwingend vorgeschrieben ist. Die Intention der Spiele besteht darin, die ehemaligen Rebellen daran zu erinnern, dass sie dem Kapitol „auf Gedeih und Verderb ausgeliefert sind" (Collins, 2009, S. 24). Durch diese „archaische Demonstration der Macht" (Steller, 2012, S. 8) soll eine weitere Rebellion verhindert und die Treue der unterdrückten Arbeiterkaste sichergestellt werden.

Im 74. Jahr der Hungerspiele vertritt die Sechzehnjährige, dystopiecharakteristisch systemkritische Katniss Everdeen den ärmlichen, kohlefördernden zwölften Distrikt. Dieser steht in der gesellschaftlichen Akzeptanz an hinterster Stelle. Gemeinsam mit ihrem Mitstreiter Peeta Mellark erfährt die junge Bogenschützin aus erster Hand wie es ist, Teil des Medienspektakels zu sein. Die Tributin durch- und überlebt die Spiele und erreicht es durch eine selbstgestaltete Zwickmühlenkonstellation, zusammen mit ihrem Distriktpartner zum Sieger ernannt zu werden. Allerdings fasst das Kapitol dieses „non-konform[istische] Verhalten" (Wiemers, 2012, S. 6) als einen rebellischen Akt auf, weshalb sowohl Katniss, als auch weitere ehemalige Sieger im Folgeroman „Die Tribute von Panem – Gefährliche Liebe" (2010) erneut in den Hungerspielen antreten müssen. Das Kapitol erhofft sich dadurch, sämtliche aufkeimende Hoffnung auf Änderung der vorherrschenden Verhältnisse in den Distriken mittels Vernichtung ihrer Stellvertreter zu eliminieren. Der abschließende Teil der Trilogie „Die Tribute von Panem – Flammender Zorn" (2011) behandelt die von der Protagonistin ausgelöste Revolution, welche letzten Endes in einem für die „utopian dystopia" (Moylan 2000, S. xiii) typischen Umschwung des bestehenden Systems, Abschaffung der Hungerspiele und dem Sturz des repressiven Präsidenten endet.

Werden nachfolgend Fiktion und Realität verglichen, können zahlreiche dystopische Parallelen zwischen den in „Die Tribute von Panem" dargestellten und zeitgemäßen Realityformaten identifiziert werden: Die für die Show ausgewählten Teilnehmer müssen diverse Aufgaben bewältigen um sich gegen ihre Konkurrenten durchzusetzen. Jene Kandidaten, die bei diesen schlecht abschneiden scheiden allmählich aus, bis schließlich der Letzte die Challenge gewinnt. Hinzukommt, dass die Teilnehmer häufig auf ihre Rolle als Kandidat reduziert und dazu gezwungen werden, ihre persönlichen Werte und Charakterzüge zum Zwecke des Sieges zu opfern. Peeta bezeichnet sich demgemäß als „eine Figur in ihren Spielen" (Collins, 2009, S.160), welche gegen ihren Willen zum Töten der anderen Tribute gedrängt wird. Tut man dies nicht, kann das „Aus der Rolle fallen (…) ebenso tödliche Folgen haben (…) wie ein Fehlschuss mit [einem] Bogen" (Steller, 2012, S. 13). Dieser Entpersonalisierungsprozess wird unterstützt durch eine physische Transformation, nach der sich Katniss „wie ein gerupfter Vogel" (Collins, 2009, S. 72) fühlt. Allerdings ist diese Reduzierung zum Objekt, wie Katniss feststellt, ein weiterer bedeutsamer Faktor bezüglich der Sponsorensuche, da diese einen sehr großen Wert auf Attraktivität sowie auf Angepasstheit an das im Kapitol geltende Schönheitsideal legen. In den realen Medien ist jene Art von Reduzierung auf das äußerliche Erscheinungsbild in Sendungen wie „Germanys Next Topmodel" auszumachen.

Weiterhin greift die Mehrzahl der Kandidaten oftmals auf ausgeklügelte Taktiken zurück, um die Aufmerksamkeit der Zuschauer zu gewinnen. Spezielles Verhalten soll beispielsweise einen Skandal provozieren oder die Sympathie des Publikums wecken. Außerordentlich häufig vorzufinden ist eine vorgetäuschte Romanze (z. B. im Format „Der Bachelor"), wie sie auch in den Hungerspielen anzutreffen ist. Haymitch, der erfahrene Mentor und Berater von Katniss und Peeta, verspricht sich davon einen erheblichen Überlebensvorteil für das Paar: „Die Sponsoren (Anm. der Verfasserin: Das Publikum hat die Möglichkeit, den Tributen in der Arena überlebensnotwenige Utensilien zukommen zu lassen) werden Schlange stehen für dich" (Collins, 2009, S. 155). Sollte dieses planmäßige Vorgehen nicht ausreichen, schreitet der produzierende Sender im Falle niedriger Einschaltquoten oder zu geringer Dramatik oftmals selbst ein: simple Regieanweisungen arten in Provokationen, Aufhetzungen, sowie in ernsthaften Beleidigungen aus, um Konflikte zwischen den Teilnehmern heraufzubeschwören und dementsprechend Spannung zu garantieren. Die ehemalige Kandidatin der Casting-Show „Germanys Next Topmodel" Ivana Teklic beschreibt dies folgendermaßen: „die Kameramänner [haben] versucht, Zoff zu provozieren. Sie haben uns gesagt: ‚Deine Kollegin hat dieses oder jenes erzählt!' - was gar nicht stimmte" (Teklic, 2016). Häufig wird auch durch die Zusammensetzung der Gruppe gewährleistet, dass es sowohl zur Identifikation von Seiten der

Zuschauer kommt, als auch eine starke Gruppendynamik auftritt, in der Auseinandersetzungen garantiert sind.

Auch in der Dystopie „die Tribute von Panem" finden solche Eingriffe statt. Die Spielemacher beeinflussen die Hungerspiele, indem sie u. a. Naturkatastrophen herbeiführen, die Tribute zusammentreiben oder sie auf andere Weise in Bedrängnis bringen. In den 74. Hungerspielen wird zudem eine vorläufige Regeländerung vorgenommen, die besagt, dass „beide Tribute aus demselben Distrikt zu Siegern erklärt werden, falls sie die beiden letzten Überlebenden sind" (Collins, 2009, S. 273). Dies soll dazu führen, dass das favorisierte Liebespaar eine höhere Gewinnchance hat. Allerdings erfolgen solche Interventionen äußerst selten, da eine langanhaltende Dauer der Spiele stets im Interesse der Spielemacher steht. In diesem spezifischen Fall ist die Vermarktung der Romanze zwischen Katniss und Peeta der ausschlaggebende Aspekt.

Trotz all dieser Parallelen unterscheidet sich die Realität vom fiktiven Unterhaltungsformat. Die realen Teilnehmer genießen bekanntlich, anders als in der Fiktion, absolute Entscheidungsfreiheit darin, sich an einem Showformat zu beteiligen. Ihre Motivation lässt sich, ähnlich wie die der sogenannten Karrieretribute Panems, alleinig auf den Wunsch nach Ruhm, medialer Präsenz und Anerkennung sowie der Beseitigung finanzieller Probleme zurückführen. Im Falle des Sieges wird dem Gewinner eine beträchtliche Geldsumme ausgezahlt sowie Präsenz in den Medien und somit ein effektiver Karriereschub garantiert. Diese Autonomie gilt nicht für die fiktive, dystopische Gesellschaft. Im Gegensatz zu den privilegierten „Karrieros" aus den Distrikten 1, 2 und 4, welche von Kindesalter an für die Hungerspiele trainieren und diese als selbstverständlichen Prestigeakt wahrnehmen, ist die erzwungene Teilnahme der Unterschicht aufgrund ihrer geringen Siegesaussicht einem Todesurteil gleichzusetzen. Letzteres stellt somit den wohl bedeutsamsten Unterschied zwischen Suzanne Collins Showformat und den realen Sendungen dar: den unerbittlichen Überlebenskampf in der überwachten Arena. Obgleich die Kandidaten in Programmen wie „Dschungelcamp" oftmals bis an ihre Grenzen getrieben werden, steht ihr Überleben entgegen dem der Tribute dabei nie auf dem Spiel, wenngleich auch die Möglichkeit besteht, ihr Gesicht zu verlieren und sich in den sozialen Medien zu disqualifizieren.

Dennoch verkörpert die Panem-Trilogie ein lediglich satirisch überhöhtes Realityshow-Phänomen. Suzanne Collins gewährt in Person der Protagonistin nicht nur einen exklusiven Einblick in die Vorgänge der fiktiven Hungerspiele, sondern ebenso in die von realen Reality Shows. Dabei verurteilt sie insbesondere die Desensibilisierung der zeitaktuellen Gesellschaft hinsichtlich deren Umgangs mit realen Fernsehformaten sowie die unreflektierte Toleranz der zunehmenden Überwachung bis in den persönlichsten Bereich. Auf diese Weise enttarnt Collins die häufig übersehene, unerfreuliche Seite aus der Perspektive einer Teilnehmerin und regt den Leser dazu an, sein Konsumverhalten zu hinterfragen. Denn „die Tribute von Panem" bietet nicht nur „gute Unterhaltung", sondern ist ein „Spiegel unserer Zeit" (Krings, 2014).

4. Fazit

Das Ziel dieser Facharbeit war es, die dystopische Gattung zugänglich zu definieren sowie die fiktiven Hungerspiele aus der Trilogie „Die Tribute von Panem" hinsichtlich des in ihnen anzufindenden Medienaspekts zu untersuchen. Zu diesem Zweck wurde der Begriff Dystopie charakterisiert, konkretisiert und analysiert. Dabei ergab sich, dass die negative, gesellschaftskritische Literatur als ein alarmierender Warnruf anzusehen ist, mit welchem die Autoren dem Rezipienten Reflexionsmöglichkeiten bieten und mögliche Ängste wecken wollen, um diesen zum Hinterfragen von politischen, gesellschaftlichen und kulturellen Tendenzen anzuregen.

Zusätzlich konnte anhand des in die „Die Tribute von Panem" entworfenen Medienformats nachgewiesen werden, dass die heutige Gesellschaft bereits dystopische Tendenzen aufweist. Ferner legen die drei Romane einen Finger in die Wunde einer wirtschaftlich und sozial gespaltenen Gesellschaft und regen durch ihre unterschwellige Kritik Zweifel am exzessiven Medienkonsum unserer Zeit. Durch die Hauptakteure werden zudem Identifikationsrollen geschaffen, die trotz enormer Widerstände bestehende gesellschaftliche Verhältnisse ins Wanken bringen, Obrigkeiten in Frage stellen und versuchen, eine neue, gleichberechtigtere und auf menschlichen Werten beruhende Lebensweise aufzubauen. Nicht Abgrenzung und ein Gegeneinander, sondern ein selbstbestimmtes verantwortungsvolles Miteinander trotz aller Diversität ist gewünscht. Dies ist vor allem für Jugendliche in ihrer Suche nach Orientierung und Ablehnung bestehender Ordnungen außerordentlich reizvoll.

Überdies konnte ermittelt werden, dass sich die aktuelle Popularität von Reality-Shows auf die Befriedigung des menschlichen Verlangens nach Macht, Überlegenheit, Dramatik und Skandal sowie Voyeurismus zurückführen lässt

Abschließend ist festzustellen: Dystopien sind nicht nur eine außerordentlich interessante und vielseitige Literaturgattung, sondern eine zum Teil überaus aktuelle und realistische Zukunftsvision, die relevant für die kritische Auseinandersetzung mit aktuellen gesellschaftlichen, sozialen und politischen Problemen ist. Die „Alternativen Fakten", von denen Donald Trumps Beraterin Kellyanne Cornway spricht, sind bereits in George Orwells Werk „1984" anzutreffen und können als ein realer Angriff auf ein offenes Gesellschaftssystem und dessen Werte verstanden werden. Daher sollte die moderne Gesellschaft die dystopische Mahnliteratur dazu nutzen, an ihren Schwächen zu arbeiten, um die bereits in der Fiktion dargestellte Prognose zu verhindern.

Literaturverzeichnis

Primärliteratur:

- Bär, K. (2009): *Gesellschaftskritik in der utopischen Literatur am Beispiel von Aldous' Huxleys „Brave New World"*, München, GRIN Verlag
- Bradbury, R. (2013[2]): *Fahrenheit 451*, Zürich, Diogenes (Im Original erschienen 1953: Fahrenheit 451)
- Collins, S. (2011): *Die Tribute von Panem – Flammender Zorn*, Hamburg, Oettinger Verlag (Im Original erschienen 2010: *Mockingjay*)
- Collins, S. (2010): *Die Tribute von Panem – Gefährliche Liebe*, Hamburg, Oettinger Verlag (Im Original erschienen 2009: *Catching Fire*)
- Collins, S. (2009): *Die Tribute von Panem – Tödliche Spiele*, Hamburg, Oettinger Verlag (Im Original erschienen 2008: *The Hunger Games*)
- Heidemann, B. (2017): *„1984" ist wieder ein Bestseller*, in: WAZ, 27.1.17
- Howe, I. (1962): *The Fiction of Anti-Utopia*, in: New Republic, 23.4.1962
- Huxley, A. (2012[3]): *Schöne neue Welt: Ein Roman der Zukunft*, Frankfurt am Main, Fischer Verlag (Im Original erschienen 1932: *Brave New World*)
- Kessler, W. (2000): *Grenzsituation und nukleare Gefahr – Studien zur Jugendliteratur und ihrer Vermittelbarkeit*, Frankfurt am Main, Peter Lang Verlag (Europäische Hochschulschriften)
- Meyer, S. (2001): *Die antiutopische Tradition. Eine ideen- und problemgeschichtliche Darstellung*, Frankfurt am Main, Peter Lang Verlag (Europäische Hochschulschriften)
- Mikota, J.: (2015): *Wozu Sehnsucht nach grünen Wiesen und blauem Himmel wecken, wenn sie für uns verloren sind? – Der Weltuntergang in der Jugendliteratur*, in: Grimm, S. & Wanning, B. (Hrsg.): *Kulturökologie und Literaturdidaktik, Beiträge zur ökologischen Herausforderung in Literatur und Unterricht*, Göttingen, V&R Verlag, S.49-70
- Morus, T. (2012): *Utopia*, Ditzingen, Reclam Verlag (Im Original erschienen 1516: *De optimo rei publicae statu deque nova insula Utopia*)
- Moylan, T. (2000): *Scraps of the untained sky*, Colorado – Oxford, Westview Press (Cultural Studies)
- Orwell, G. (2002), *1984*, Berlin, Heyne Verlag (Im Original erschienen 1949: *1984*)
- Rank, B. (2014): *Zum Beispiel die jugendliterarische Dystopie. Über die Notwendigkeit eines Perspektivenwechsels bei der Analyse eines aktuell erfolgreichen Genres*, in: Leseräume – Zeitschrift für Literalität in Schule und Forschung, Jg. 14, H.1
- Roth, V. (2012): *Die Bestimmung*, München, cbt-Verlag (Im Original erschienen 2011: *Divergent*)
- Roth, V. (2012): *Die Bestimmung – Tödliche Wahrheit*, München, cbt-Verlag (Im Original erschienen 2012: *Insurgent*)
- Roth, V. (2014): *Die Bestimmung – Letzte Entscheidung*, München, cbt-Verlag (Im Original erschienen 2013: *Allegiant*)
- Samjatin, E. (2013): *Wir*, Bremen, Europäischer Literaturverlag (Im Original erschienen 1924: *Мы*)
- Schweikart, R. (2012): *Nur noch kurz die Welt retten. Dystopien als jugendliterarisches Trendthema*, in: Kinder-/Jugendliteratur und Medien in Forschung, Schule und Bibliothek, Jg. 64, H.3, S.7
- Verne, J. (1996): *Paris im 20 Jahrhundert*, Wien, Zsolnay Verlag (Im Original erschienen 1994: *Paris au XXe siècle*)

- Wells, H.G. (2006): *A modern Utopia*, London, Penguin Books Limited (Im Original erschienen 1905: *A modern Utopia*)
- Westerfeld, S. (2007): *Ugly – Verlier nicht dein Gesicht*, Hamburg, Carlsen Verlag (Im Original erschienen 2005: *Uglies*)
- Westerfeld, S. (2010): *Extra – Wer kennt dein Gesicht*, Hamburg, Carlsen Verlag, Hamburg (Im Original erschienen 2007: *Extras*)

Sekundärliteratur:

- Henthorne, T. (2011): *Approaching the Hunger Games Trilogy – A Literary and Cultural Analysis*, Jefferson (North Carolina) – London, McFarland & Company
- Wiemers, E. (2012): *Dystopien in aktueller Kinder- und Jugendliteratur. Suzanne Collins' „Die Tribute von Panem" im Deutschunterricht*, München, GRIN Verlag

Internet:

- *Casting Shows – Talente aus dem „echten" Leben*, planetschule.de/dokmal (http://www.planet-schule.de/dokmal/lust_auf_mehr_bonusmaterial/doku_dinger/casting_shows/)
- Collins, S. interviewt von Margolis, R.: *A Killer Story: An Interview with Suzanne Collins, Author of „The Hunger Games"*, slj.com 1.9.08 (http://www.slj.com/2008/09/interviews/under-cover/a-killer-story-an-interview-with-suzanne-collins-author-of-the-hunger-games/#_)
- Fleischmann, A. (2008): *Gegenweltutopien des 19. und 20. Jahrhunderts*, grin.de 2008 (http://www.grin.com/de/e-book/92602/gegenweltutopien-des-19-und-20-jahrhunderts)
- Gestmann, M. interviewt von SpotOnNews: *Dschungelcamp - Daher ist das Format so erfolgreich*, Gala.de 26.1.15 (http://www.gala.de/stars/news/starfeed/dschungelcamp--darum-ist-das-format-so-erfolgreich-20205160.html)
- Janzen, C.: *L'information, c'est moi! - Der Cyberpunk entstand aus einer düsteren literarischen Vision*, sueddeutsche.de 17.5.10 (http://www.sueddeutsche.de/digital/cyberpunk-linformation-cest-moi-1.614565)
- Klingenmaier, T.: *Zombieserie „Fear the Walking Dead" – Im Spiegel des Misstrauens*, stuttgarterzeitung.de 12.4.16 (http://www.stuttgarter-zeitung.de/inhalt.zombie-serie-fear-the-walking-dead-im-spiegel-des-misstrauens.1d6a9b00-5b10-454d-9487-20b378b3fd5f.html)
- Kotowski, C.: *Die Renaissance der Dystopien*, community.zeit.de 1.12.10 (http://community.zeit.de/user/christoph-kotowski/beitrag/2010/01/12/die-renaissance-der-dystopien)
- Krach, S. in: Ströwing, O.: *Warum die Werbeplätze im Dschungelcamp so begehrt sind*, derwesten.de 13.1.17 (http://www.derwesten.de/kultur/fernsehen/warum-die-werbeplaetze-im-dschungelcamp-so-begehrt-sind-id209261079.html)
- Krings, D.: *Analyse: Wie Hollywood Individualismus predigt*, rp-online.de 24.11.14 (http://www.rp-online.de/kultur/tribute-von-panem-einzelkaempfertum-oder-totalitaere-klassengesellschaften-aid-1.46892339)

- *Medienutopien und -dystopien*, institut.soziologie.uni-freiburg.de 2013/14

- (http://institut.soziologie.uni-freiburg.de/Soziologische-Medientheorien-Wintersemester-13-14/wpg_2312.html)
- Mikota, J.: *Dystopie*, KinderundJugendmedien.de 10.3.13 (http://www.kinderundjugendmedien.de/index.php/begriffe-und-termini/594-dystopie)

- Rach, T.: *500 Jahre „Utopia" – Die Idee einer idealen Gesellschaft*, deutschlandfunk.de 9.1.16 (http://www.deutschlandfunk.de/500-jahre-utopia-die-idee-einer-idealen-gesellschaft.871.de.html?dram:article_id=341787)
- Steller, U.: *Themenheft – Materialien für den Unterricht – Die Tribute von Panem*, www.vgo-schule.de 2012 (http://www.vgo-schule.de/fileadmin/verlagsgruppe-oetinger.de/pdf/dokumente/schule/12-20519/TRIBUTE-VON-PANEM_Themenheft_Original.pdf)
- Teklic, I. interviewt von Closer: *Heidi konnte mir nichts beibringen*, stylebook.de, 3.2.16 (http://www.stylebook.de/artikel/Ex-GNTM-Ivana-Teklic-laestert-ueber-Model-Mama-Heidi-Klum_1-741265.html)
- Teoman, Z. O.: *Der Endzeitfilm „Dystopie" - Eine cineastische Vision der Apokalypse*, www.hsmw.bsz-bw.de 2012 (https://hsmw.bsz-bw.de/files/1850/Der_Endzeitfilm_Dystopie.pdf)
- Unterholzner, A.: *Dystopischer Jugendfilm – Trends, Themen und Motive*, filmabc.at 6.16 (http://www.filmabc.at/documents/55_FilmheftFilmABC_Dystopien.pdf)
- Volk, S.: *Sci-Fi-Schreckensszenarien – Zurück in die Zukunftsangst*, spiegelonline.de 24.11.14 (http://www.spiegel.de/einestages/tribute-von-panem-1984-soylent-green-dystopien-im-kino-a-996023.html)

Filme:

- *Die Tribute von Panem – Catching Fire* (Originaltitel: *The Hunger Games: Catching Fire*), Regie: Lawrence, F.; Drehbuch: Beaufoy, G., Arndt, M.; USA 2013
- *Die Tribute von Panem – Mockingjay Part 1* (Originaltitel: *The Hunger Games: Mockingjay Part 1*), Regie: Lawrence, F.; Drehbuch: Strong, D., Craig, P.; USA 2014
- *Die Tribute von Panem – Mockingjay Part 2* (Originaltitel: *The Hunger Games: Mockingjay Part 2*), Regie: Lawrence, F.; Drehbuch: Strong, D., Craig, P.; USA 2015
- *Die Tribute von Panem – The Hunger Games* (Originaltitel: *The Hunger Games*), Regie: Ross, G.; Drehbuch: Ross, G., Collins, S., Ray, B.; USA 2012
- *V wie Vendetta* (Originaltitel: *V for Vendetta*), Regie: McTeigue, J.; Drehbuch: Wachowski, L., Wachowsky, A.; USA 2005
- *Resident Evil*, Regie: Anderson, P.W.S.; Drehbuch: Anderson, P.W.S.; UK/DE 2002
- *Resident Evil: Apocalypse*, Regie: Witt, A.; Drehbuch: Anderson, P.W.S.; UK/USA/DE/FR 2004
- *Resident Evil: Exitinction*, Regie: Mulcahy, R.; Drehbuch: Anderson, P.W.S.; UK/DE/USA 2007
- *Resident Evil: Afterlife*, Regie: Anderson, P.W.S.; Drehbuch: Anderson, P.W.S.; UK/DE/FR 2010
- *Resident Evil: Retribution*, Regie: Anderson, P.W.S.; Drehbuch: Anderson, P.W.S.; UK/DE/FR 2012

- *Resident Evil: The Final Chapter*, Regie: Anderson, P.W.S.; Drehbuch: Anderson, P.W.S.; USA 2017

Bilder:

- http://www.tv-spoty.info/image/h/hunger-games-capitol-city.html

Materialliste

- *Dystopie*, de.wikipedia.org (https://de.wikipedia.org/wiki/Dystopie)
- *Biopunk*, de.wikipedia.org (https://de.wikipedia.org/wiki/Biopunk)
- *Cyberpunk*, de.wikipedia.org (https://de.wikipedia.org/wiki/Cyberpunk)
- *Postapokalypse*, de.wikipedia.org (https://de.wikipedia.org/wiki/Postapokalypse)
- *What is Cyberpunk?*, neondystopia.com 2015 (https://www.neondystopia.com/what-is-cyberpunk/)
- *Das Genre Biopunk*, clockworker.de 2008 (http://clockworker.de/cw/2008/05/19/das-genre-biopunk/)
- Soft SF, sf-encyclopedia.com 2011 (http://www.sf-encyclopedia.com/entry/soft_sf)
- Bova, B.: *What is 'Hard' Science Fiction?*, huffingtonpost.com 2.2.15 (http://www.huffingtonpost.com/ben-bova/what-is-hard-science-fict_b_6594994.html)
- Loudin, T.: *Dystopian vs. Apocalyptic Fiction: What's the difference?*, traciloudin.com 22.7.15 (http://www.traciloudin.com/2015/07/dystopian-vs-apocalyptic-fiction-whats-the-difference.html)
- Roid, K.: *Hard Science Fiction vs. Soft Science Fiction*, kathrineroid.wordpress.com 18.1.11 (https://kathrineroid.wordpress.com/2011/01/18/hard-science-fiction-vs-soft-science-fiction/)

Stand aller Links: 10.2.17